藏在典籍里的

中华美德

诚信与礼仪

魏 新 主编　　尚青云简 绘

山东友谊出版社·济南

图书在版编目（CIP）数据

藏在典籍里的中华美德. 诚信与礼仪 / 魏新主编.
——济南：山东友谊出版社，2021.9
ISBN 978-7-5516-2373-5

Ⅰ.①藏… Ⅱ.①魏… Ⅲ.①品德教育－中国－青少年读物 Ⅳ.①D432.62

中国版本图书馆CIP数据核字（2021）第187156号

藏在典籍里的中华美德：诚信与礼仪
CANG ZAI DIANJI LI DE ZHONGHUA MEIDE CHENGXIN YU LIYI

策划编辑：何慧颖　王　震
责任编辑：肖　静
装帧设计：安树仁

主管单位：山东出版传媒股份有限公司
出 版 者：山东友谊出版社
　　　　　地址：济南市英雄山路189号　邮政编码：250002
　　　　　电话：出版管理部（0531）82098756
　　　　　　　　市场营销部（0531）82098035（传真）
　　　　　网址：www.sdyouyi.com.cn
印　　刷：济南乾丰印刷有限公司

开本：787 mm×1092 mm　1/16
印张：7.5　　　　　　　　　字数：150千字
版次：2020年9月第1版　　　印次：2021年9月第1次印刷
定价：36.00元

序

  有孩子之后,我越来越多地思考一个问题:怎样才能让孩子喜欢读书?

  这个问题背后,还牵扯到许多问题,很复杂,也很简单。阅读,原无太多条条框框,也不应有过于直接的目的。只是,启发孩子读书兴趣,引导孩子读书方向,需要更多的人一起努力。

  许多人,包括我,这两年开始尝试为孩子们去写作。这个过程中,我发现,写什么,怎么写,对我来说,都是新的难题。

  每个孩子的阅读能力不同,就算是同一个年龄段,想象力和理解力也存在区别,兴趣点和成人差异更大。所以,要写一本让孩子们喜欢,并且读完之后有收获的书,需要用更多的时间,下更大的功夫。

  《藏在典籍里的中华美德》就经历了一个漫长的过程。我和山东友谊出版社的策划团队,从开始定选题,到组稿、配图、审校,每一步都不敢疏忽。为了把中国传统文化中的优秀价值观通过丰富的形式展现出来,我们查阅了大量资料,按"诚信、明礼、守正、勤俭、爱国、勤奋"的条目，从诸多典籍中精选出来，在对古文做常规性介绍的同时，设置"大人物""大典故""小启示""小拓展"等栏目，将古人的生平轶事、成语、诗词、文史小常识等以现代的论坛、朋友圈、聊天记录等形式组合在一起，避免了生硬的说教，增加了阅读的趣味。

可以说，这既是一本书，也是一个剧本集，其中的"演员"有诸子百家，有历朝名臣；有建功立业的武将，也有出口成章的诗人。他们在中国传统文化的大舞台上演绎着风云变幻、王朝更迭，而真正的主角则是书的读者——孩子们。

我相信，这本书可以帮孩子们实现一场和古人的心灵对话，在这场对话中，完成自我的"文化穿越"。也许，中华传统文化的魅力，从来就不是枯燥呆板、故弄玄虚，而一直是深入浅出、情趣盎然，我们仅仅是给它穿上了新时代的靓丽童装，让它从厚重典籍里轻盈地走出来，露出天真烂漫的笑容，奔向鲜花盛开的未来。

魏新

2021 年 9 月 9 日于杨柳风学堂

目录

第一篇 诚信

诚者，天之道也；思诚者，人之道也 ………………………… 2

轻诺必寡信 ……………………………………………………… 6

失信不立 ………………………………………………………… 10

小信成则大信立 ………………………………………………… 14

与朋友交，言而有信 …………………………………………… 18

君子以行言，小人以舌言 ……………………………………… 22

第二篇 明礼

仁者爱人，有礼者敬人 ………………………………………… 28

与人善言，暖于布帛；伤人以言，深于矛戟 ………………… 32

好问则裕，自用则小 …………………………………………… 36

爱人若爱其身 …………………………………………………… 40

人有耻，则能有所不为 ………………………………………… 44

君子和而不同 …………………………………………………… 48

礼有三本 ………………………………………………………… 52

第三篇　守正

冠必正，纽必结……………………………………………… 58

君子喻于义，小人喻于利…………………………………… 62

君子坦荡荡，小人长戚戚…………………………………… 66

恻隐之心，仁之端也………………………………………… 70

质胜文则野…………………………………………………… 74

可者与之，其不可者拒之…………………………………… 78

益者三友，损者三友………………………………………… 82

第四篇　勤俭

静以修身，俭以养德………………………………………… 88

居安思危，戒奢以俭………………………………………… 92

由俭入奢易，由奢入俭难…………………………………… 96

一粥一饭，当思来之不易；半丝半缕，恒念物力维艰。…… 100

俭而不吝……………………………………………………… 104

君子以俭德辟难，不可荣以禄……………………………… 108

第一篇

诚信

诚者,天之道也;
思诚者,人之道也

原文

孟子曰:"是故诚者①,天之道也;思②诚者,人之道也。至诚而不动③者,未之有也;不诚,未有能动者也。"

——《孟子·离娄上》

• 典籍 •

《孟子》——儒家经典之一,战国时孟子及其弟子万章等著,也有说为孟子弟子、再传弟子的记录。书中记载了孟子及其弟子的政治、教育、哲学、伦理等思想观点和政治活动,为研究孟子学说的主要材料。

• 注释 •

① 者:……的人。
② 思:追求,追寻。
③ 动:打动,感动,动容。

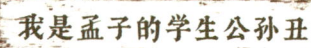

我是孟子的学生公孙丑

大 人 物

复姓公孙单名丑,战国时期齐国人。师从孟子习儒学,与师一起编《孟子》。《公孙丑》篇多名言,死后追封寿光伯。

大典故

这段古文讲述了以诚待人的道理,由此可衍生出一个成语:

赤诚相待

赤诚,非常真诚;极为真诚地对待别人。

读典小启示

真诚，是对人对事所持的实事求是的态度，对人对己做到真诚，事情才有可能做好。

学典小拓展：诚以待人辩论赛

评委：
孟子、公孙丑

正方选手：
苏轼、秦观、范仲淹、王质（北宋官员）

反方选手：
晋惠公、晋大夫里克、吕布、董卓

诚以待人辩论赛

正方观点：诚以待人不可少。

苏轼

苏轼： 我陷入乌台（御史台的别称）诗案那次，政敌们铆足了劲儿抹黑我，非说我写诗讽刺朝政和大臣。眼瞅着皇帝在犹豫杀不杀我，身边好多人躲得远远的。这时，秦观竟然给自己写好挽词，表明豁出性命也要支持我！

秦观： 我与苏学士坦诚以对，肝胆相照，人生得一知己足矣！

范仲淹

范仲淹： 我因主张改革惹怒了皇帝，被贬出京。我们那年代，犯个错就流行株连九族，敢凑我边儿的人几乎没有。我离开京城那天，王质拖着病体前来送我，感动……

王质： 范大人赤诚对朝廷，赤诚对百姓，我当然也报以赤诚之心！

董卓

吕布

反方观点：诚以待人无用处。

董卓：我认吕布小贼当义子，他竟然联合王允那老家伙，对我痛下杀手！

吕布：我反叛董卓投袁术，反叛袁术投袁绍，反叛袁绍想投曹操呢，可恨曹阿瞒听信刘备这大耳贼的挑拨，竟然把我杀了！什么诚以待人，都是骗鬼的！

晋惠公：确实，秦穆公帮我回到晋国，里克帮我登上王位。可是，我要诚以待人，就必须把晋国土地割让给秦国，还要留着里克这家伙，时刻担心他会不会宰了我另立新君。

里克：我赞同正方观点。

晋惠公：里克！你竟敢临阵投敌！

里克：大王，董卓残暴奸诈，吕布反复无常，您自己忘恩负义，最后都落入众叛亲离的境地。您三位回首往昔，还好意思说诚以待人无用吗？

晋惠公：……

吕布：……

董卓：……

晋惠公

里克

公孙丑：我宣布，正方胜！

孟子：实践证明，无论古今，诚以待人才是立身之道啊！

轻诺必寡信

> **原文**　夫轻诺①必寡信，多易必多难。是以②圣人犹③难之，故④终无难矣。
> ——《老子·德经》

- **典籍**·

《老子》——也称《道德经》《老子五千文》，是道家的主要经典。现一般认为编定于战国中期，基本上保留了老子本人的主要思想。保存了许多古代天文、生产技术等方面的资料，还涉及军事和养生。

- **注释**·

① 诺：诺言。
② 是以：因此。
③ 犹：相似，如同。
④ 故：所以。

大人物

姓李名耳单字聃,春秋楚国苦县人,世代均为周史官,姬朝之乱归故里。留下《老子》五千言,道家奉我为始祖。

> 我是道家创始人老子

大典故

这段古文里隐藏着一个成语:

轻诺寡信

诺,诺言;信,信用。意思是轻易许诺的人,一定很少遵守信用。

读典小启示。

轻易许下的诺言，必然缺少信用而难以实现，把事情看得过于容易，做起来必定遭受很多困难。因此，我们应当总是把事情设想得比实际情况困难些，最终就没有什么解决不了的困难。

深夜，函谷关。

老子骑着青牛，悠然出现在函谷关。

学典小拓展：函谷关前话吃瓜。

尹喜：先生您好狠心，给我留下五千字就出关走了，这一走就是两千多年！

老子：唔，我还是那个我，你还是那个你，牛还是那个牛，这个函谷关，倒不是当年那个函谷关喽！

尹喜：可不是嘛！因为您，函谷关修了太初宫、藏经楼、鸡鸣台……这一年365天，来的人老多了，都来瞻仰您，还有您留下的道家文化！

老子：围观？莫非……这就是传说中的吃瓜群众？

尹喜：呃……先生还挺时髦……

老子：呵呵，提到吃瓜群众，这倒让我想起了春秋时期那位吃瓜国君——

周庄王九年（前688年），那会儿可不太平！齐襄公野心忒大，联合宋国、鲁国、陈国和蔡国，一起把人家卫国干掉了！灭都灭了，齐襄公还敢做不敢当，怕周天子讨伐他，派了连称、管至父两人带兵去葵丘镇守边境。这好好儿在京城当官，威风八面的，转眼就被发到偏远边疆，搁谁身上谁能乐意呀？

这不，人家提意见了："大王，我们去倒是没问题，但您得说准了，啥时候让我们回来，我们好有个盼头！"齐襄公这人也有意思，正吃瓜呢，随口就定下了日子："现在是瓜熟的时候，等到明年瓜再熟，你们就回来。"

　　话都说出了，君子言出如山，当国君的还讲究个君无戏言，可齐襄公非要轻诺寡信——

　　转过年来，瓜又熟了，按说该让连称和管至父回来，可齐襄公偏就不提这事儿！他忘了人家可没忘。两位将军派人送瓜来提醒齐襄公，要求回去，可齐襄公坚决不同意！

　　这下子，连称和管至父怒了：你不守信用是吧？那别怪我们不仁义啦！正巧，公孙无知想造反，两位将军当即大力支持，杀了齐襄公，拥立公孙无知当了齐国国君。

尹喜：啧啧，轻易许诺的人，果然不守信用！看来，
　　　这瓜多吃几块不碍事，话可不能随便乱
　　　说啊！

失信不立

原文

秋，栾盈①自楚适②齐。晏平仲言③于齐侯曰："商任之会，受命④于晋。今纳栾氏，将安用之？小所以事大，信也。失信不立，君其图之。"弗听。

——《左传·襄公二十二年》

• 典籍 •

《左传》——又称《春秋左传》，儒家经典之一，春秋末期鲁国左丘明为解释《春秋》而作。书中保留了大量古代史料，详细记载了春秋时期的许多历史人物和事件，是中国现存最早的编年体史书。

·注释·

① 栾盈：春秋时期晋国官员。
② 适：到，去往。
③ 言：对……说。
④ 受命：听从，接纳建议。

大 人 物

我曾是条漏网鱼

栾盈

姬姓栾氏盈为名，春秋时期晋国人，
范鞅诬告我谋反，仓皇奔楚又奔齐，
庄公送我入曲沃，反晋不成全族灭。

我是守信的忠臣

晏子

姬姓晏氏婴为名，字仲谥平齐国人。
巧用二桃杀三士，能言善辩扬国威。
辅佐三朝功劳大，世人称我为晏子。

我是个"作死"典型

齐庄公

姓姜名光父灵公，乱中即位杀亲弟，
收留栾盈谋反晋，打破同盟起战事，
私通崔妻东郭姜，死于崔杼宅院中。

大典故

这段古文包含着一个成语：

失信不立

失信，不守信用；立，立足。不守信用的人无法在社会上立足。

人而无信，不知其可。

 **读典小启示**

栾盈从楚国去往齐国,齐庄公准备接纳他。晏子对齐庄公说:"商任会见的时候,齐国接受了晋国禁锢栾氏的命令。现在接纳栾氏,就失去了信用。失去信用就无以立国,您要考虑一下。"我们应当遵守信用,不讲信用的人无法得到别人的认可。

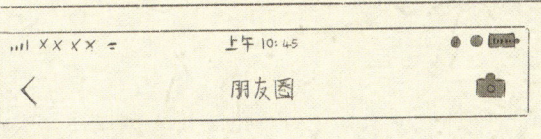

学典小拓展:周幽王的朋友圈

 周幽王
烽火都燃完了,怎么没人来救驾?申侯!犬戎!你们竟然造反!救命啊!救命!

2分钟前

♥ 申国、西夷犬戎
姬宜臼:父亲?父亲你怎样了?
申侯:大外孙,这么没良心的爹,问他干吗?甭管他!现在你是周王!
太史伯阳:哎,真是失信不立啊!大王你烽火戏诸侯,信用破产,最后亡国又丧命,可叹啊可叹!

 周幽王

烽火台上燃烽火,擂鼓咚咚报战讯;各路诸侯来救驾,急急惶惶空奔忙;褒姒终于笑开怀,这个主意真天才。诸位爱卿,惊不惊喜?意不意外?

一年前

周幽王:哼!孤王的爱情,你们永远不懂!

 周幽王
褒姒不笑!求助万能的朋友圈!

两年前

♥ 申国、西夷犬戎、鲁国、卫国……
周幽王:有好主意发私信,重赏。

 周幽王
后宫来个美人儿叫褒姒,开心……

三年前

♥ 申国、西夷犬戎、鲁国、卫国……
申后:嘚瑟样儿!
回复:给你添个妹妹,哈哈!

小信成则大信立

> **原文** 小信①成则大信立。故明主积②于信。赏罚③不信，则禁令不行④。
> ——《韩非子·外储说左上》

• 典籍 •

《韩非子》——本书为韩非死后，后人搜集其遗著，并加入他人论述韩非的学说编成的。提出了一系列法治主张，是集先秦法家韩非学说大成的代表作。

• 注释 •

① 信：信用。
② 积：积累。
③ 赏罚：奖励和惩罚。
④ 行：推行。

> 我是法家思想代表人之一韩非子

大人物

姬姓韩氏单名非，
战国时期韩国人。
身为公子命途舛，
师从荀子学有成。
为保韩国出使秦，
同学李斯将我害，
遗有著作《韩非子》。

关于遵守小信用，有一个有趣的故事：

曾子杀彘（zhì，指猪）

孔子有个学生叫曾子。有一天，曾子的妻子要去集市，她的儿子哭闹着要一起去。

曾子的妻子哄劝儿子说："你在家等我，回来就杀猪给你吃。"

曾子的妻子回来后，见曾子正要捉猪宰杀，连忙阻止，说："我只不过跟小孩子说了句玩笑话！"

曾子说："对儿童不是能够戏言的！儿童天生没有才智，需要从父母的行为举止中学习，听从父母的教导。现在你欺骗他，就是在教他以后去骗人。母亲欺骗儿子，儿子就不再相信自己的母亲，这不是教育孩子的好方法！"

于是，曾子就把猪杀掉，煮肉给儿子吃了。

读典小启示

只有遵守小的信用才能确立大的信誉。所以诚信正直的人会点滴积累自己的信用。我们为人处世也要从小处做起，对每件事都遵守信用。在小的事情上做到有信用，在大的事业上才能不含糊。

古代的"公子"

1. 韩非子是韩桓惠王的儿子，为韩国公子。

2. 魏国信陵君魏无忌，是魏昭王少子。

3. 赵国平原君赵胜，是赵武灵王的儿子。

学典小拓展：论说话算数的重要性

韩非子：说话算数是个难得的好品质！有时候啊，履行承诺表面看起来可能会吃亏，实际却因此建立起好信誉，占大便宜啦！现在，咱们有请四位嘉宾给我们讲讲说话算数的重要性——

齐桓公：我先来！那是前681年，我打败鲁国，在柯地与鲁庄公会盟。我兴致勃勃地去了，结果却被鲁国那个大力士曹沫挟持，逼我把汶阳之田还给鲁国！性命要紧啊！我只好答应。回到齐国，我越想越生气，本打算反悔呢，幸好管仲劝我，失地事小，失信事大，还是还给鲁国吧！没想到，我忍住这口窝囊气，竟然信誉爆棚，诸侯国纷纷来依附齐国，齐国成了春秋五霸之一！

晋文公： 同为春秋五霸，齐桓公的心情我特理解。攻打原国那次，我和晋国将士们约好就打十天。第十天，原国军队已弹尽粮绝，但说好十天就十天，多一小时也不行——我军鸣金收兵！后来，原国人看我这么讲信用，直接归顺啦！

魏文侯： 我遵守信用的对象不是国家，只是一个小官员。有一次，我和看守山林的官儿约好时间去打猎。结果天降大雨，我冒雨去山林，当面和他取消约定。

秦孝公： 文侯做得对，说话算数这种事要一视同仁，和对象是谁没关系！当年我任用商鞅推进变法，为让老百姓相信，商鞅特意在都城南门立一根大木头，宣布谁能把这根木头搬到北门，就赏赐他五十金。这事儿听起来挺悬乎，百姓们光围观不动手，后来终于有人尝试，当即获得五十金。这样一来，老百姓都知道秦国说话算数，等到新法一推出，实施得不要太顺利，哈哈！

与朋友交，言而有信

原文

子曰："弟子①入则孝，出则弟②，谨而信，泛爱众，而亲仁，行有余力，则以学文③。"

子夏曰："贤贤④易⑤色；事父母，能竭其力；事君，能致⑥其身；与朋友交，言而有信。虽曰未学，吾必谓之学矣。"

——《论语·学而》

· 典籍 ·

《论语》——儒家经典之一，孔子弟子及其再传弟子关于孔子言行的记录。内容有孔子谈话、答弟子问及弟子间相与谈论。为研究孔子思想的主要资料。宋代把它与《大学》《中庸》《孟子》合称"四书"。

· 注释 ·

① 弟子：年纪幼小的人；学生。这里指年纪幼小的人。
② 弟：通"悌（tì）"，尊重兄长，也指尊敬年长的人。
③ 文：指诗书礼乐等文化知识。
④ 贤贤：尊重贤者。第一个贤是动词，尊重；第二个贤是名词，指贤人。
⑤ 易：看轻。
⑥ 致：奉献，献出。

我是孔子学生，丑巴巴的那个

复姓澹台名灭明，子羽为字鲁国人。
相貌丑陋不起眼，我师孔子曾轻我。
学成回乡广收徒，门徒超过三百众。
我师感慨貌不重，以貌取人不可靠。
行事光明又磊落，重义轻财品行高。

这段古文衍生出一个成语：

言而有信

言，话语；信，信用。说话算数，有信用。

读典小启示

孔子认为，年幼者在父母面前要恪守孝道，出门在外要尊敬年长的人，说话谨慎讲信用，和所有人友爱相处。还要认真学习文化知识。

看一个人学识的好坏，不能只看他文化知识的深浅，更要注重观察他是否具备孝、忠、信等基本德行。

学典小拓展：陶朱公后悔药专卖店关门记

范蠡（春秋末期越国重臣，后弃官从商，自号陶朱公）站在店铺门前贴告示：本店因经营不善关门大吉，即日起此房出租，价格从优。

子夏：范蠡大夫，您这店开得好好的，干吗要停业？
范蠡：卜子先生，我这告示说得挺明白啦，不挣钱呗！赔钱买卖，不关，还留着过年？
子夏：您入仕时辅佐越王勾践兴越灭吴，辞职从商后财运亨通，被后世奉为商圣，居然还有不挣钱的生意？
范蠡：那也得看开店卖什么。这年头，后悔药不好卖啊！您不信，我现场推销给您看——

嘟嘟嘟——
电话接通。

范蠡：尾生，你为了失信女子抱着柱子淹死，多可惜啊！我这儿有后悔药，来一粒，河水涨了咱就离开桥下，改天再约。
尾生：不！她来不来是她的事，我是否遵守信用是我的事！不后悔！

范蠡：季札，你和徐国国君又没啥明确约定，我这儿有后悔药，你来一粒？咱把宝剑拿回来。
季札：不要！当年我因出使晋国，没有宝剑不方便，虽然知道徐国国君喜欢这把宝剑也没有相赠，暗自决定等我归来再送给他。可惜啊，我回来他已离世，继任徐君坚持不收宝剑。不过，既然我心里已对他许下承诺，怎么能因无人听见、故人已殁就违背诺言呢？我把宝剑挂在他坟墓旁的树上，心里舒坦，不后悔！

子夏：言而有信之人，宁可付出生命、失去财富，也慨然无悔，难怪陶朱公的后悔药没市场！

君子以行言,小人以舌言

> **原文**
>
> 颜回问于孔子曰:"小人之言,有同乎君子者,不可不察①也。"孔子曰:"君子以行言,小人以舌言。故君子于为义②之上,相疾③也,退④而相爱⑤;小人于为乱⑥之上,相爱也,退而相恶⑦。"
>
> ——《孔子家语·颜回》

• **典籍** •

《**孔子家语**》——记录了孔子及其学生思想言行的著作,也包括古代婚姻、祭祀等制度等内容。

• **注释** •

① 察:分辨。
② 义:道义,仁义。
③ 疾:规劝,劝诫。
④ 退:事情过后;私下里。
⑤ 爱:爱护;亲近。
⑥ 乱:动乱;捣乱。
⑦ 恶:诋毁,诽谤。

大 人 物

我是孔子学生,当官年份最长的一个

本名高柴字子羔,春秋时期齐国人。
出仕鲁国与卫国,为官清廉执法公。
卫国政变我逃离,痛失子路我心哀。
游学兰陵传儒道,宋朝封我共城侯。

我是孔子学生,礼仪精熟擅交际

复姓公西单名赤,表字子华鲁国人。
师从孔子研学问,熟习礼仪擅交际。
礼中最擅祭祀礼,宾客之礼也娴熟。
肥马轻裘出使齐,后人尊我公西子。

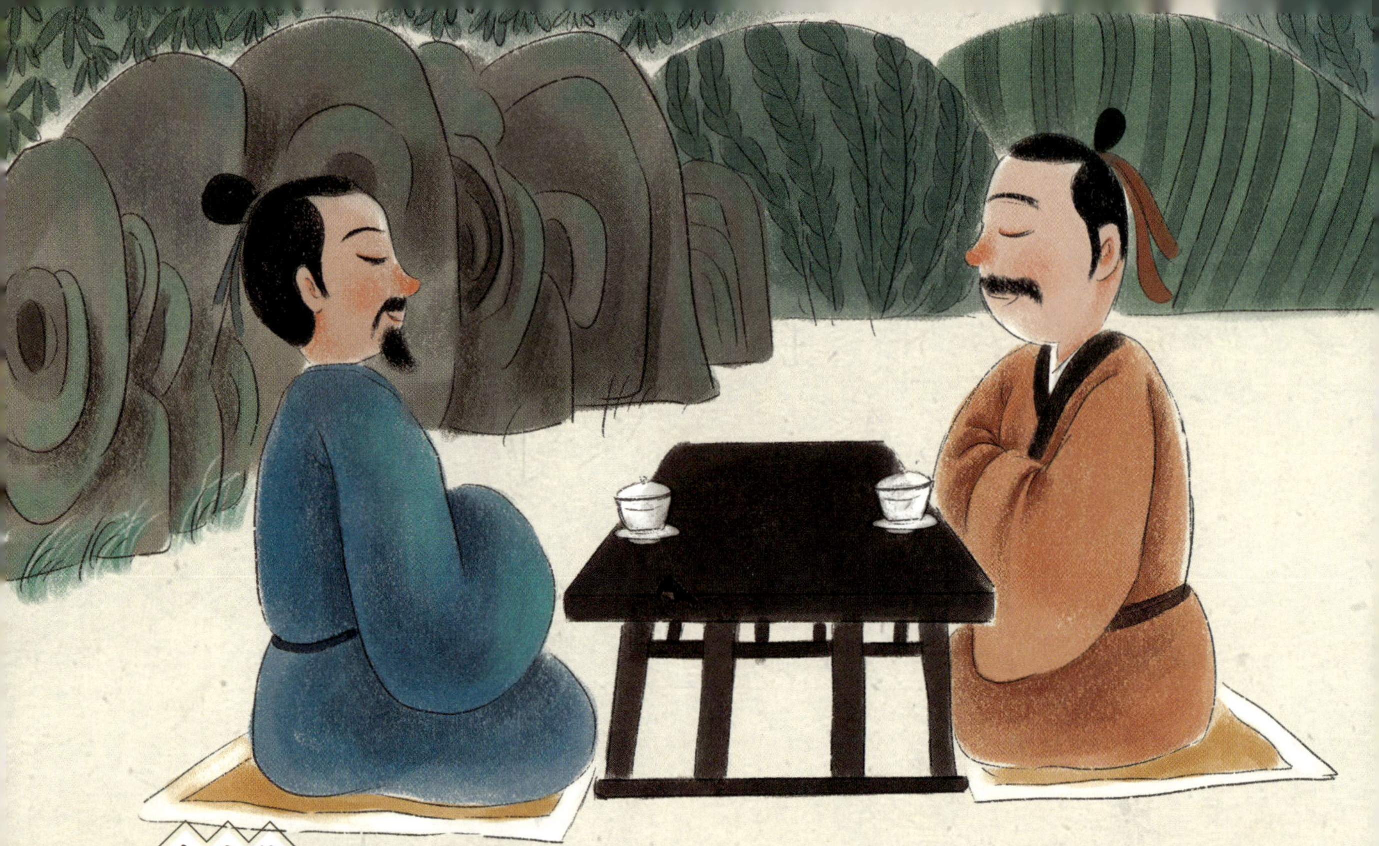

大典故

这段古文衍生出一个词语：

相疾

疾，激励，劝诫。急于相互激励劝诫。

读典小启示

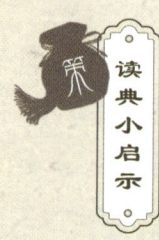

孔子说："君子以自己的行动说话，小人以自己的舌头说话。所以君子在道义攸关的事上，声色俱厉地规劝告诫，私下里却相互爱护；小人甜言蜜语地亲近支持，私下里却相互诋毁。"

观察一个人是否是品行端正的君子，要看他的实际行动。以实际行动践行道德仁义的人，才是真正的君子。

学典小拓展

嬴姓万古千秋群 （在线人数 6/6）

10:15

秦始皇：刚刚学会玩微信，群聊功能真方便。建个家族群，聊聊！😊😊 我大秦千世万世传不朽。孩儿们，现在传到几百世了？

子婴：禀皇爷爷，传了二世。到我就只是秦王了，不是皇帝！没多久，刘邦就打入关内，咱大秦……亡了！😡😡😡

秦始皇：什么？！我辛辛苦苦打下万世基业，你们竟然只传了二世！

扶苏：呵呵！父皇，这句话您应该@您的小儿子胡亥。

父皇，胡亥即位前逼死了扶苏和大将蒙恬，即位后，又把兄弟姐妹杀得干干净净！

公子高：赵高那贼子！撺掇胡亥杀宗亲、灭忠臣，把朝政搅得一塌糊涂！

子婴：

秦二世胡亥：😭😭😭父皇，子婴，我也后悔啊！赵高这个人嘴甜，能力强，表现得别提有多忠心啦！谁知他包藏祸心逼死了我！我死得好惨啊父皇！

秦始皇："小人以舌言"，小人的甜言蜜语要多少有多少，你想听什么他有什么！你不知辨别忠奸，亲近小人戮害忠良，死了也活该！只可惜我万世大秦梦……唉！

群主已解散了群聊

第二篇

明礼

仁者爱人，有礼者敬人

原文

孟子曰："君子所以异①于人者，以其存心也。君子以仁②存心，以礼③存心。仁者爱人，有礼者敬人。爱人者，人恒爱之；敬人者，人恒敬之。"

——《孟子·离娄下》

· 注释 ·

① 异：不同；差别。
② 仁：仁爱，仁慈与友爱。
③ 礼：礼义，礼貌与道义。

我是亚圣孟子

姓孟名轲，字子舆，战国时期邹国人，研习孔学一脉承，通晓五经主仁义，游说多国无所用，回归邹国著《孟子》，孔子至圣我亚圣，世人称我为孟子。

这段古文衍生出一个成语：

仁者爱人

仁者，心怀仁慈的人；爱，爱护。心怀仁慈的人懂得爱护别人。

读典小启示

孟子说，君子之所以与常人不同，是因为他内心所存的念头不同。君子心里存有仁爱，存有礼义。有仁爱的人爱护他人，讲礼义的人尊敬他人。爱护他人的人，人们也常常爱戴他；尊敬他人的人，人们也常常尊重他。

学典小拓展：第一届"孟子杯"仁者选拔赛

评委
孟子、公孙丑

参赛选手
选手1：董奉（三国时期吴国名医）
选手2：郗鉴（晋朝官员）
选手3：柳宗元（唐朝著名文学家）
选手4：董笃行（清朝官员）

孟子　　公孙丑

选拔规则：

四晋三淘汰制。评委打分，满分十分。

董奉： 我给人看病不要钱，病人痊愈后，在医馆附近栽几棵杏树就行。几年后，杏树足足有十万多棵。后来，有人用"杏林春暖"形容我医术高超。

孟子： 唔，医者仁心，不错。十分。

公孙丑： 怪不得都用"杏林"代表中医学呢。十分。

郗鉴： 有一年闹饥荒，我带侄子郗迈和外甥周翼到乡下住，乡亲们轮流管饭。可乡亲们也穷啊！我自己吃还凑合，加上俩孩子就管不起了。我就把食物含在嘴里，回来吐给俩孩子……就这样，俺爷仨勉强没饿死。

孟子： 郗公含哺，兼顾侄甥，可敬！十分。

公孙丑： 十分。郗公去世，周翼辞官守孝三年，这外甥没白疼。

柳宗元：我在广西柳州当官时，带领老百姓挖井开荒、植树造林，帮助他们过上了好日子。

孟子：父母官爱民如子，很好。十分。

公孙丑：柳公善行，履职尽责。九分。

董笃行：我收到家书，说家人为盖房子占地多少和邻居吵了起来。嘿，乡里乡亲的，让让人家呗！我当即回信：千里捎书只为墙，不禁使我笑断肠；你仁我义结近邻，让出三尺又何妨。

孟子：遇事先让人，点赞。十分。

公孙丑：董家让出三尺，邻居一感动，也让出三尺，形成六尺"仁义胡同"。十分。

孟子：我宣布，选手3以一分之差淘汰。

柳宗元：无异议！父母官爱子民，是应尽的义务嘛。

公孙丑：欢迎柳公参加下一轮复活赛……

董奉

郗鉴

柳宗元

董笃行

与人善言，暖于布帛；
伤人以言，深于矛戟

原文：

憍①泄②者，人之殃也；恭③俭④者，偋⑤五兵⑥也。虽有戈矛之刺，不如恭俭之利也。故与人善言，暖于布帛⑦；伤人以言，深于矛戟⑧。

——《荀子·荣辱》

• 典籍 •

《荀子》——一部由荀子及其弟子所总结记录的著作，记叙了思想家荀况的自然观念、逻辑思想及政治经济思想，有些篇章还以民间文学的形式表述了为君、治国之道。

·注释·

① 憍（jiāo）：同"骄"，骄横放纵。
② 泄：同"媟"（xiè），轻慢，亵渎（xièdú）。
③ 恭：恭敬的样子。
④ 俭：谦逊的样子。
⑤ 偋（bǐng）：屏弃，除去。
⑥ 五兵：古代的五种兵器。
⑦ 布帛：指棉织品和丝织品及其所制衣物。
⑧ 矛戟：戈、矛结合，具有勾、刺双重功能的古代兵器。

古代战场兵种多，车兵步兵与骑兵。五兵泛指五兵器，车兵步兵各不同。车之五兵有"戈、殳、戟、酋矛、夷矛"，插在车舆供取用。步卒之五兵有"矛、戟、钺、楯、弓矢"。

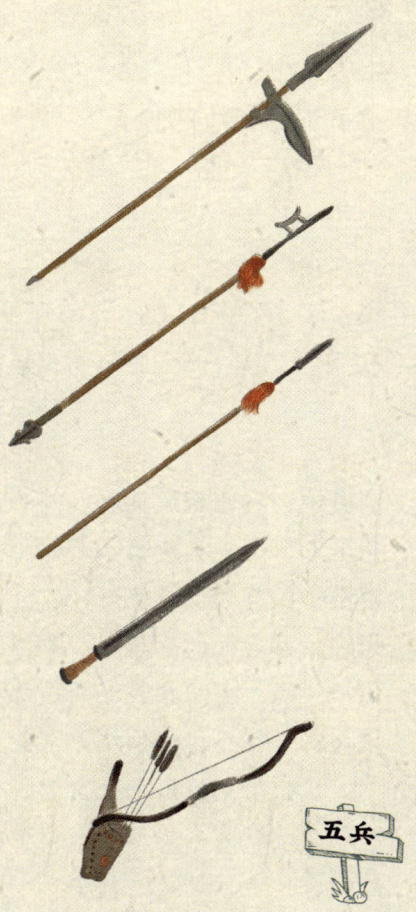

大典故

这段古文衍生出一句俗语：

善言暖于布帛

善意的言语会让人感觉比衣服还温暖。形容有益的语言能够给人带来鼓舞和安慰。

读典小启示

恭敬谦逊,可以避免各种兵器的残害。即便有戈矛的尖刺,也不如恭敬谦逊有效。

要与人为善,不要用恶劣的言辞伤害别人。如果种下善良的种子,就会结出善良的果实。

学典小拓展：《三国演义》书友会

罗贯中：欢迎新成员加入《三国演义》书友会。咦,荀老,是您?

荀子：呵呵,真是长江后浪推前浪,这本小说写得太棒啦!点赞!

罗贯中：荀老爱看就好!

张飞：荀老说说感想呗。是不是觉得俺家军师超级厉害?

荀子：唔,我印象最深的是那段诸葛亮三气周公瑾……

张飞：哈哈哈,这件事办得别提有多痛快啦!俺大哥刘备刘皇叔的老婆去世了,周瑜这小子竟然出个歪主意,让俺大哥去东吴和孙权的妹妹孙尚香成亲!其实呀,成亲是假,东吴这帮人是要把俺大哥扣住,让俺们用荆州换大哥!

孙尚香：唉,说起这件事儿,就是我哥哥和周将军的不对了,怎么能拿人家的婚姻大事当儿戏呢?幸好我母亲孙老夫人帮忙,我和皇叔才能喜结良缘。

张飞：嫂嫂说得对,他们这事办得忒不地道!这不,俺家军师施展妙计,让俺大哥带着嫂嫂顺利离开东吴,又提前埋伏军队,把周瑜带领的追击队打得落花流水!痛快,哈哈,痛快!

荀子：不过,打败人家也就罢了,何必还要再戳人家的心窝子,喊"周郎妙计安天下,赔了夫人又折兵"呢?看看,周瑜这孩子都气晕啦!

要知道，伤人的言语，比刀剑还厉害啊！

张飞：这……

罗贯中：哈哈！荀老不必担心，这段情节是虚构的！写小说嘛，总要有点儿夸张情节去吸引眼球。实际上，正史记载的周瑜为人宽厚，气量恢宏，是位相当优秀的小伙子呢！

《三国演义》书友会

荀子　　罗贯中

张飞　　孙尚香

好问则裕，自用则小

> **原文**
> 予闻曰："能自得师者王①，谓人莫己若者亡②。好问则裕，自用③则小④。"
> ——《尚书·商书》

• **典籍** •

《尚书》——儒家经典之一，是中国上古历史文件和部分记录古代事迹著作的汇编。相传由孔子编选而成，后认为有些篇是后来儒家补充进去的。

• **注释** •

① 王：称王，也指取得成功。

② 亡：灭亡，也指失败。

③ 自用：自以为是。

④ 小：少；狭隘。

大 人 物

我是仲虺

出生之时雷虺虺（huǐ），由此得名为仲虺，夏朝时期薛国人，也叫莱朱与中𩏡（léi）。辅佐商汤灭夏桀，商朝建后任左相。

我是文中那位"王"商汤

姓子名履又称汤，夏朝时期商国君。
伊尹仲虺来辅佐，鸣条之战逐夏桀。
三千诸侯齐推举，建立商朝做天子。
世人称我为商汤，庙号太祖曰武王。

大 典 故

这段古文衍生出一个成语：

好问则裕

裕，宽裕。经常向别人请教，学识就会渊博精深。

读典小启示

《尚书》中记载，能够自己求得老师的人，就可以称王，认为别人都不如自己的人，就会灭亡。谦虚好问，所得就多，刚愎自用，所得就少。

我们应当多学习别人的长处，不断地增长自己的学问，用知识武装自己的头脑。

学典小拓展：商纣王游学记

商汤：败家子！我好不容易打下的基业，统统毁在你手里！

商纣王：姬发（周武王）犯上作乱，怎能怪我？

商汤：你还嘴硬！走，跟我去游学！

商纣王（白眼）：喊！你是祖宗，你说了算！

唐朝，村居大树下。

白居易：老人家，小朋友，我刚才念的诗，你们能听懂吗？

老妇人：都是大白话，挺好。

牧童：一听就明白！

商纣王：你这人奇了怪了，村妇和小孩儿不识字，你问他们干吗？

白居易：艺术来源于生活，老百姓都是我的老师。

商纣王：喊！不懂！

明朝，深山中。

樵夫：先生，您要的穿山甲。

李时珍：多谢老师。

商纣王：喂，你为啥叫砍柴的"老师"？

李时珍：我拜老百姓为师，可以学到书上没有的知识。

李时珍一边说，一边将穿山甲的胃部剖开，看到胃袋里还没消化的大量蚂蚁，高兴地叫起来："没错，穿山甲确实吃蚂蚁！"

商纣王：看这老头的认真劲儿，我忍不住想起王叔比干。

商汤：比干以死谏言，你却当耳旁风，唉！

春秋时期,鲁国太庙。

孔子:盘子摆在这儿有啥讲究?这件古物放在太庙有特殊意义吗?为什么祭祀仪式上要用这段音乐?

商纣王:不会吧?这就是后人尊为"圣人"的孔子?他咋问这问那,跟个白痴似的!

商汤:你才是白痴!问得多了,自然懂得就多,要不怎么说人家是儒家至圣呢!

商纣王(突然大哭):祖宗,我知道为啥亡国了!我造酷刑,杀忠臣,谁的话都不听,想干啥干啥,干的还都不是人干的事……

商汤:这趟游学没白来!

爱人若爱其身

原文

若使天下兼①相爱，爱②人若爱其身，犹③有不孝者乎？视父兄与君若其身，恶④施不孝？犹有不慈者乎？视弟子与臣若其身，恶施不慈？故不孝不慈亡⑤有。……若使天下兼相爱，国与国不相攻，家与家不相乱，盗贼亡有，君臣父子皆能孝慈，若此，则天下治⑥。

——《墨子·兼爱》

·典籍·

《墨子》——墨家学派的著作汇总，由墨子的弟子整理而成的著作，记载了墨子的科学、哲学、军事等思想。

·注释·

① 兼：都。
② 爱：爱护；对待。
③ 犹：还。
④ 恶（wū）：何；还能。
⑤ 亡：通"无"，没有。
⑥ 治：治理；治理得井井有条的样子。

> 我是墨家学派的创始人墨子

大 人 物

姓墨名翟宋国人，家族没落为平民，师从儒学有疑惑，创立墨学广收徒，反对攻伐倡兼爱，世人尊称为墨子。

大 典 故

这段古文衍生出一个成语：

兼爱无私

兼，都，广泛；私，私心。泛爱大众，对人没有私心。

读典小启示

　　如果天下所有人都能互相体谅、相亲相爱，对待长辈、兄弟像对待自己一样，还会有不孝顺、不慈爱的吗？对待同辈、弟弟妹妹像对待自己一样，怎么会做出不慈爱的事呢？如果所有人都能互相体谅、相亲相爱，国家与国家就不会相互攻伐，家族与家族就不会相互争斗，天下就太平了，世界就充满了爱。

学典小拓展

兼爱交流群 (在线人数 5/55)

墨子：几千年过去了，都有谁做到爱别人像爱自己一样？建个群交流交流！😊😊😊

墨子邀请"吴起"加入了群聊

吴起：我做主将的时候，和低阶士兵穿一样的衣服，吃一样的食物，行军时和士兵一起背干粮。有一次，一个士兵长了毒疮，我还亲自替他吸吮脓液呢！

墨子：怪不得吴将军带的军队战斗力超强，不愧是与孙子齐名的军事家啊！

吴起邀请"裴侠"加入了群聊

裴侠：咱当上河北郡守才知道，郡守家佣仆标配有捕鱼打猎的人三十名、壮年男子三十名。咱一想，咋能为了自己吃饱穿暖去支使老百姓呢？还是让他们各回各家吧！

墨子：在南北朝乱世，裴公的做法太难得了！当得起老百姓"裴公贞惠"的评价！

"晋惠帝"通过墨子分享的邀请码加入了群聊

晋惠帝：有一年晋国灾荒，听说有百姓因没粮食吃而饿死，朕很关心地问："他们为什么不吃肉粥呢？"看，朕多爱护百姓！

墨子：你！你分明是昏庸不作为，不知民间疾苦！西晋亡在你手里，不冤！

墨子将"晋惠帝"移出了群聊

43

人有耻，则能有所不为

原文

人须是有廉耻。孟子曰："耻之于人大矣！"耻便是羞恶之心。人有耻，则能有所不为。今有一样人①不能安贫，其气②销屈③，以至立脚不住，不知廉耻，亦何所不至！

——《朱子语类》

· 典籍 ·

《朱子语类》——南宋朱熹讲学语录的分类汇编。内容涉及自然科学、哲学、政治、史学等各方面,为研究朱熹思想的重要资料。

· 注释 ·

① 一样人:一些人。
② 气:正气,指代道德廉耻心。
③ 销屈:销蚀殆尽,一点儿不剩。

我是朱熹学生,亦生亦友的那种

蔡元定

大人物

姓蔡双名为元定,季通为字号西山。师事朱熹共论道,探究义理博览书。不求名利不入仕,潜心著述研学问。理学定伪贬道州,不改初心坦然行。理、数相合扬理学,被誉"朱门领袖"人。

这段古文借用了一个典故:

有所不为

最早出自《论语》,意思是孤高自傲的人有些事是绝对不会做的,后来多指不做违背道义的事。

读典小启示

一个人必须有羞恶之心。孟子说:"知耻是人的大事!"人有了羞恶之心,才能知晓违背道义的事是不该做的。现在有一些人不能安于贫困,把自己的正气销蚀殆尽,以至于站不稳立场而犯下错误,一个人不知廉耻,还有什么事情做不出来呢!所以需要从内心深处和坏的思想划清界限,修持自己的内心。

有所不为,为无不成,是以英雄之主常无敌于天下。——宋·陈亮《酌古论·先主》

然则有所不为,亦将有所必为者矣;既云进取,亦将有所不取者矣。——《后汉书》

人有不为也,而后可以有为。——《孟子·离娄下》

学典小拓展:包拯君臣话当年

宋仁宗:很多人羡慕皇帝,觉得皇帝随心所欲,其实,皇帝也不是想干啥就能干的啊!

包拯:陛下何出此言?

宋仁宗:想当年,朕最最心爱的女人,张贵妃,要给她表叔张尧佐求个官职,本来朕都答应了,给他个宣徽使当当,可第一次廷议没通过,第二次你力谏不可,这事儿就黄了。

包拯:唔,这事阻止得对。君子嘛,尤其陛下您又是君临天下的天子,理应有所不为。想那张尧佐能力不足,怎能委以重任?

宋仁宗:唉!廷议不过也就罢了,让朕郁闷的是包爱卿你啊!你竟然"反复数百言,音吐愤激",举了好多条不同意的理由,越说越激动,还喷了朕一脸唾沫!

包拯：呵呵，这是臣应当应分的。不过，陛下后来还是太任性了，张贵妃去世时，明明曹皇后还在世，您却不顾律法和朝臣反对，追封张贵妃为温成皇后，导致咱大宋朝廷出了件亘古未闻的稀罕事儿——一生一死两皇后！应当"有所不为"！

宋仁宗：……

君子和而不同

原文

子曰:"君子和①而不同②,小人同而不和。"

——《论语·子路》

· 注释 ·

① 和：和谐，配合得当。
② 同：等同，此处指附和。

大 人 物

我是孔子学生，超喜欢《易经》

姓商名瞿字子木，
春秋末期鲁国人。
师从孔子习学问，
喜好《易经》颇有得。
传道《易经》于后世，
多有以《易》入仕者，
后世称我为商子。

我是孔子学生，最爱学《尚书》

复姓漆雕单名开，双字子开与子若。
春秋时期鲁国人。跟随我师学《尚书》，
学有所乐不想仕。无罪受刑身躯残，
刚正不阿德行高。写成著作《漆雕子》。

大典故

这段古文衍生出一个成语：

和而不同

和，和谐，和睦；同，等同，附和。和睦相处而不盲从附和。

读典小启示

孔子说："君子用自己正确的意见来纠正别人的错误意见而不是盲从附和，小人一昧附和而不表示自己的意见。"

人如果不能坚持自己的德行，就只能做到"同而不和"。君子和周围的人相处融洽，但是却有自己独立的思想，坚持自己的德行，不与世俗同流合污。

学典小拓展：孔子网络直播课

孔子：君子的"和而不同"是怎样一种境界呢？咱们一起来唠唠。

曾子：欢迎连线，再次声明：不要打赏，莫刷礼物，纯聊天！

嘟嘟嘟——
司马光提出连线申请。
司马光已接通。

司马光：夫子好！我认为，我和老政敌王安石，称得上"和而不同"啦！

曾子：司马君实从小聪颖过人，成年后入仕报效朝廷，官至宰相。听老百姓反映，您官声极好，主张遵循旧法无为而治，是一位好宰相、真君子。

司马光：想当年，我和介甫公同朝为官。他力主变法图治，要改革财政和军事，可我却觉得，现有制度挺好的，重点还是要提高国民整体素质。大伙儿的道德水准提上几个档次，官员觉悟再高上一点点儿，不就国泰民安、天下大治了吗？

曾子：开始宋神宗更偏重王文公的主张，导致您离开权力中心退居洛阳。

司马光：是啊，不过，我离开纯属我与介甫公政见不合，绝无一点儿私人恩怨！这不，介甫公大权在握之际，陛下问他我是个啥样人，介甫公大力称赞我为"国之栋梁"。

嘟嘟嘟——
王安石提出连线申请。
王安石已接通。

王安石：老对头在线，有点小激动，我来补充几句！我这新法推行没多久，就因为得罪的权贵太多，被人天天告黑状。三人成虎啊！久而久之，陛下看我越来越不顺眼，重新启用司马君实，还问他该怎样治我的罪。这时候，君实公非但没疾恨我害他丢官，还非常诚恳地告诉陛下，我疾恶如仇又胸怀坦荡，劝陛下千万不可听信谗言！

孔子：您二位政见相左却相互推崇，为国为民之心可昭日月，称得上"和而不同"的典范啦！

礼有三本

原文　礼有三本①：天地者，生②之本也；先祖者，类③之本也；君师④者，治⑤之本也。

——《荀子·礼论篇》

· 注释 ·

① 本：根本，根基。
② 生：生存。
③ 类：宗族。
④ 君师：君主和值得尊重的长者。
⑤ 治：治国

大 人 物

我是春申君力保的太子

楚考烈王

芈姓熊氏单名完，战国时期楚国君。
即位之初秦伐楚，割让州陵给秦国。
即位五年秦伐赵，赵使毛遂说服我，
与赵会盟同伐秦，死后楚国国势衰。

我是战国四公子之一

春申君

姓黄名歇楚国臣，楚王封我春申君。
劝秦亲楚结盟约，我与太子为人质。
楚王病重盼子归，我助太子偷逃走。
太子即位我为相，推举荀子兰陵令。
楚王去世我奔丧，被刺身亡全家灭。

大典故

楚考烈王的经历中藏有一个成语：

毛遂自荐

毛遂是战国时期赵国平原君门下食客，曾向平原君自我推荐，后跟随平原君出使楚国，在游说楚国抗秦中立下功劳；比喻自告奋勇，自己推荐自己担任某项工作。

读典小启示

古代先贤认为，礼有三条根本性原则：天地是生存的根本，先祖是宗族的根本，君主与贤德长者是治国的根本。

当今我们仍应当遵守社会规范，弘扬尊贤敬长的传统美德。

学典小拓展

礼有三本交流群 (在线人数 3/55)

荀子：来来来，今天的交流主题——"为啥说君师是治国之本"？

李斯：老师，我先说！对一个国家来说，君主贤德真是太重要啦！就拿俺们大秦朝来说，始皇帝统一货币、文字、度量衡，修筑万里长城抵御外房，奠定了中国两千多年封建王朝的政治格局，真是位伟大的君王啊！

韩非：同学，你咋不提你效忠的这位始皇帝骄奢淫逸，不顾百姓死活，大兴土木兴建阿房宫、修皇陵；这么"贤德"的一桩桩行为，怪不得秦朝传位二世、坚持十五年就灭亡了！

李斯：……

韩非：我数来又数去，觉得最能体现老师这句话的君主要数唐太宗李世民。瞧，人家李世民多有度量。大臣魏征说话直，心眼儿实，把他气得都想杀了这"庄稼汉"了，结果呢，等气儿平了，还不是继续重用贤臣？君师是治国之本，有了这样贤德的君主，唐朝才有盛极一时的贞观之治嘛！

荀子：公平而言，韩非对我这句话的理解更透彻，举的例子也更恰当！

　　　　　荀子拍了拍"韩非"

　　　　　韩非拍了拍"荀子"

李斯：老师，您还是一如既往地偏心眼儿！

55

第三篇
守正

冠必正,纽必结

> 原文
>
> 冠必正①,纽必结,袜与履,俱紧切。置冠服,有定位,勿乱顿,致污秽②。唯德学,唯才艺,不如人,当自砺③。若衣服,若饮食,不如人,勿生戚④。
>
> ——《弟子规》

- **典籍** -

《弟子规》——又名《训蒙文》,清初学者李毓秀编写的蒙学课本。三字一句,两句或四句连意,合辙押韵,教导学童生活、学习规范。

- **注释** -

① 冠(guān):礼帽。
② 污秽(huì):脏东西。
③ 自砺:自我磨炼。
④ 戚:忧愁。

我是《弟子规》的作者

姓李双名为毓(yù)秀,子潜为字号采三。创办学堂敦复斋,听讲之人络绎来。编写童蒙《弟子规》,传世影响远且深。时人称我李夫子,寿过杖朝高龄终。

形容注重提升德学和才艺的人有一个成语:

德才兼备

同时具备优秀的品德和才能。

读典小启示

冠帽需戴正,纽扣要系好,袜子与鞋子都要穿得平整。放置帽子和衣服,各有位置摆整齐。不必在意衣装与食物是否精致,当不如别人时,不要生忧虑。

每个人都应当重视品德与学识、才能和技艺,当不如别人时,当勤加磨砺。

不同年龄有雅称

在古代,不同年龄有着特定称呼——

婴儿不满周岁:襁褓——用小被子包着。

婴儿一岁:牙牙——说话咿咿呀呀含糊不清。

儿童幼年:垂髫(tiáo)之年——头发自然垂下,尚未束发。

女孩十二岁:金钗(chāi)之年——女子十二要戴钗。

女孩十三四岁:豆蔻(kòu)之年——出自杜牧《赠别》诗:"娉娉袅袅十三余,豆蔻梢头二月初。"

女孩十五岁:及笄(jī)之年——把头发用笄簪(zān)起,表示已成年。

女孩十六岁:碧玉年华。

女孩二十岁:桃李之年。

女孩二十四岁:花信年华——花开时节。

男孩十三至十五岁:舞勺之年——男孩开始学习乐舞中的勺舞。

男孩十五至二十岁:舞象之年——男孩开始学习武舞中的象舞及射御。

男孩二十岁:弱冠——戴上帽子行冠礼,表示已成年。

三十岁:而立之年——该学有所用事业小成了。

四十岁:不惑之年——遇到事儿能判明对错了。

五十岁:知命之年——能知晓命运咋回事了。

六十岁:花甲之年——天干地支纪年法中,以六十年为一花甲(甲子)。

耳顺之年——听到言语就能判明对错。
七十岁：古稀之年——古代人活到七十的有点儿少。
八十岁：杖朝之年——这个年龄允许拄拐杖去上朝。
八九十岁：耄耋（màodié）之年。
一百岁：期颐（yí）之寿，也称乐期颐、人瑞。

学典小拓展：德与财辩论会

德方：孔子、颜回
财方：石崇、王恺

孔子：德学才艺需时时完善。三人行，必有我师，每个人身上都有值得学习的地方。
颜回：德学才艺远胜锦衣玉食。只要潜心向学，一竹筐饭，一瓢水，照样很快乐。

石崇：财富是王道！瞧我，蜡烛当柴烧，银子花不完！
王恺：有钱确实好！我拿外甥晋武帝赐的珊瑚树与石崇斗富，结果石崇完胜。气死我了！

孔子：石崇先生您因豪富遭人忌恨，死于非命；王恺先生您获谥号"丑公"。德学才艺可以流传千古，财富能吗？
颜回：石崇先生您文化高，王恺先生您会处事，可您二位只顾斗富不思进取。有你们这样的官员，怪不得西晋朝廷贪污成风，延续五十一年就灭亡了。

石崇、王恺：😅……

君子喻于义，小人喻于利

子曰："君子喻①于义②，小人喻于利③。"

——《论语·里仁》

· 注释 ·

① 喻：注重，懂得。
② 义：道义。
③ 利：利益。

大人物

我是孔子学生，承孔启孟的宗圣

曾参

姓曾名参字子舆，春秋时期鲁国人。父子同拜孔子师，深研孔学颇有得，曾经指导孟子师。上承孔学下启孟，配享孔庙受敬仰。著写《大学》与《孝经》，后世尊我为"宗圣"。

读典小启示

孔子说，君子注重的事物在道义，普通人注重的事物在利益。君子和小人不同的地方，就是在他们遇到利的时候怎么做。君子心里想着道义，小心心里则装着自己的利益。有修养的人也会追求个人利益，但会先考虑所得是否合于义，以义为原则来规范自己的行为。

九族

九族是指亲属。一种说法是指本身以上的父、祖父、曾祖、高祖和以下的子、孙、曾孙、玄孙。古时立宗族、定丧服，皆以此为准。

也有一说是九族包括父族四、母族三、妻族二。父族四，即当事人自己一族，出嫁的姑母与姑母的子女，出嫁的姐妹与姐妹的子女，出嫁的女儿与女儿的子女；母族三，即当事人外祖父全家，外祖母娘家，出嫁的姨妈与姨妈的子女；妻族二，即当事人妻子父亲的全家，妻子母亲的娘家。

学典小拓展：孔子网络直播课

孔子： 君子喻于义，小人喻于利。义与利哪个轻哪个重？谁能来个现身说法？

曾参： 大胆连线不要怕，答错不挨熊。

嘟嘟嘟——

孟尝君、冯谖提出连线申请。

孟尝君： 夫子好！说到"义"与"利"，我深有感触！我记得我有钱有地位那会儿，家里养的门客那叫一个多！门客中有位挺个性的家伙叫冯谖，没事儿就弹着长剑唱歌，要吃鱼要坐车要涨工资奉养老娘，得，我都满足他！结果，我让他去薛地帮我讨债，他倒好，把所有债户的债券都烧了，给我讨了个空空如也回来！

曾参： 噢？这是为何？

孟尝君： 他说他为我买了"义"。我乍一听，差点气炸肺，不过也没办法，只好不了了之！一年后我仕途不顺，被迫搬到薛地去住。到那儿一看，百姓们夹道欢迎，那叫一个亲热！我这时才感受到，冯谖为我买来的人心道义多么珍贵！

曾参： 下面有请冯谖同学做补充说明。

冯谖： 夫子好！那会儿我在孟尝君门下时，他是真风光，金钱地位应有尽有，溜须拍马的人络绎不绝。可金钱换来的繁华统统都是虚的，钱没了啥都没了，哪有道义品德换来的人心长久！所以呀，我干脆烧了薛地老百姓的债券，帮他建立起威望名声！

孔子： 身处浮华却能洞察世情，知晓义大于利、义久而利不久的道理，有眼光！

君子坦荡荡，小人长戚戚

原文

子曰："君子坦荡荡，小人长戚戚①。"

——《论语·述而》

• 注释 •

① 戚戚：忧愁的样子。

大 人 物

我是孔门十哲之一

子路

本名仲由有二字，一字子路一季路。
性格刚直武力强，孔子对我善诱导。
跟随我师游列国，后为卫国孔悝用。
卫国大乱救孔悝，乱中冠缨被击落。
君子能死冠不免，结缨时候被击杀。

我也是孔门十哲之一

姓闵名损字子骞，春秋时期鲁国人。
出身寒苦幼丧母，后母芦花做棉服。
亲父大怒欲休妻，闵损跪求孝名扬。
位列十哲七十二贤，二十四孝亦有我。

闵子骞

读典小启示

孔子说过，君子心胸宽宏坦荡，普通人却经常忧愁、患得患失。我们应有宽广的胸怀，可容忍别人，不计个人利害得失。心胸狭窄，与人为难、与己为难、时常忧愁，就不可能成为一个有修养的人。

孔门十哲

指孔子门下的十位学生。比起其他弟子，他们在德行、言语、政事、文学方面的成就十分突出。他们分别是：

颜渊（颜回）、闵子骞、冉伯牛（冉耕）、仲弓（冉雍）、宰我（宰予）、子贡（端木赐）、冉有（冉求）、子路（仲由）、子游、子夏（卜商）。

颜渊：我特知足，弹弹琴、学学老师的道理就非常快乐，不追求俗世的功名利禄。

闵子骞：我会处理家庭关系，与亲爸后妈异母弟的关系都很好，人们都夸我是个孝子。

冉伯牛：我擅长待人接物，人缘好威望高，可惜寿命短了点儿。

学典小拓展：孔门十哲重聚会。

仲弓：我处理政务有一套，老师夸我是当卿大夫的材料。

宰我：我爱思考爱提问，却喜欢白天睡大觉，老师对我又爱又气，曾批评我"朽木不可雕也"。

子贡：我会说话，懂理财，曾担任鲁、卫两国的相国，人们视我为儒商鼻祖。

冉有：我多才多艺长袖善舞，老师赞我才艺出众，从政没啥困难。

子路：我武艺高又讲义气，曾保护老师周游列国。

子游：我来自南方吴地，老师感叹，有了我孔门学说才能传入南方地区，人们称我为"南方夫子"。

子夏：我是才气纵横的孔门高才生，注重当世过于古礼，老师告诫我要多遵循仁和礼，别变成只追求眼前名望的"小人儒"。

恻隐之心，仁之端也

原文

恻隐之心①，仁之端②也；羞恶之心，义之端也；辞让之心，礼之端也；是非之心，智之端也。人之有是四端也，犹其有四体③也。

——《孟子·公孙丑上》

• 注释 •

① 恻隐之心：同情之心。
② 端：开始。
③ 四体：四肢。

大 人 物

我是与孟子生死不离的学生

万章

终生追随孟子侧，老师失意我相陪。
与师同研诗书意，共著《孟子》七章整。
后人为我修墓茔，安墓邹城西南处。
从祀孟庙西侧屋，北宋追封博兴伯。

这段古文衍生出一个成语：

恻隐之心

恻隐，表示同情。形容对别人的遭遇寄予同情。

同情之心，是仁的开始；羞耻之心，是义的开始；谦让之心，是礼的开始；是非之心，是智的开始。我们应当有这四个开始，就像人有四肢一样。培养君子般的修养，可以从仁、义、礼、智这四个方面来进行。具体地说就先要做到有同情心，有羞耻观念，能做到谦让，能明辨是非。

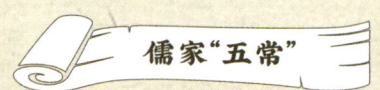

儒家五常指的是"仁""义""礼""智""信"五种品德，被视为做人起码的道德标准。五常由孔子、孟子和西汉大儒董仲舒共同完善而成，孔子提出"仁、义、礼"，孟子完善成"仁、义、礼、智"四端，董仲舒又增加"信"，形成五常之道。

仁　　义　　礼　　智　　信

学典小拓展

孟子师生群（在线人数 4/300）

12:16

公孙丑：@孟子 老师，今天给我们讲啥？

孟子：昨儿个读了李煜的《虞美人》，里面有句"春花秋月何时了（liǎo），往事知多少"，让我忍不住照样写了一句。

万章：写的啥？快让我们欣赏呗！

孟仲子：期待期待！

孟子：千载岁月过去了，恻隐之心知多少？徒儿们，为师一想起恻隐之心的美德故事，比如屈原流米（屈原小时候把家里的米倒入石缝，假装是石头流出米来救济百姓），比如羲之卖扇（王羲之在贫苦老婆婆卖的扇子上题字，帮她卖扇子），就觉得心潮澎湃，激动得睡不着觉。

孟仲子：说起恻隐之心，老师您的事迹就已经很多啦！

万章：就是呀，您对百姓的苦难感同身受。孔子以前批评制作俑来殉葬忒缺德，您告诉梁惠王，国库充盈却眼看着老百姓饿死，比"始作俑者"还缺德！

公孙丑：我记得这位梁惠王！您还跟他说，同样是逃跑，跑了五十步的逃兵笑话跑了一百步的，太不对了。您借这故事劝谏梁惠王，既然声称爱惜百姓，就不要总想着打仗。

孟子：可惜呀，咱们所处的战国时期，诸侯纷争，征伐不断，诸侯王们为争地盘打红了眼，我的劝谏基本没起作用呀！

质胜文则野

- 原文 -

子曰："质①胜文②则野③，文胜质则史④。文质彬彬⑤，然后君子。"

——《论语·雍也》

· 注释 ·

① 质：朴实。这里指人内在的本性。
② 文：通"纹"，纹饰，纹理。一说指人后天具备的内涵修养，一说指文采。
③ 野：粗野，粗俗。
④ 史：言辞华丽。这里指虚浮、浮夸。
⑤ 彬彬：搭配得当、优雅得体的样子。

大人物

我是孔子学生,孔门十哲之一

姓冉名求字子有,春秋时期鲁国人。
曾任鲁国宰臣职,多才多艺擅理财。
身先士卒出征去,率师抗齐立战功。
后随我师游列国,我师夸我精政事。

我也是孔子学生,孔门十哲之一

姓冉名雍字仲弓,黄帝长子少昊裔。
德行学识具卓著,我师夸我诸侯才。
主张以德化万民,为官直谏主不纳,
辞官随师游列国。同列孔门十哲中。

大典故

这段古文衍生出一个成语:

文质彬彬

文,通"纹",纹理,引申义为文采;质:质地;彬彬:搭配协调。形容人温文尔雅有气质,也指表里协调如一的人。

读典小启示

孔子认为,君子的修养有两部分,一是诗书礼乐等学识,一是保持朴实无华的本性。只有文质双修并配合得当,才是合格的君子人格。

今天,我们仍可以按照这个标准来要求自己,做一位文质双修的君子。

文质彬彬交流群 (在线人数 4/300)

孔子：人嘛，都有七情六欲，时不时地，这本性就忍不住冒出来作个妖。所以呀，要用修养控制本性，成为文质彬彬的君子。

张良：我先说。想当年，我刺杀秦始皇失败，被官军撵得到处乱窜……有一天，我在下邳桥附近溜达，碰到一老大爷。他走到我身边，故意一甩脚——鞋子飞桥底下了。老大爷看看我，说："去，给我把鞋子拾上来！"我为他捡回鞋子，大爷又舒服地跷起脚丫子，说："给我穿上。"嚯，那语气，那神态，真有点儿欠收拾！我当时想发火，转念一想，得，人家这么大岁数了，不就穿个鞋嘛，穿！穿上鞋，大爷告诉我，五天后的早晨，来下邳桥和他会面。我觉得这事挺奇怪，就答应了。五天后清晨，我来到下邳桥，结果大爷已经到了！他嫌我来得太晚，说再五天见，扭头就走。过了五天，鸡一叫我立马动身，结果又比他晚！老大爷让我五天后再来！

张飞：你大爷就是你大爷，牛！

张良：第三次，我半夜就在下邳桥等着，终于赶到大爷前面。

张飞：后面的事儿地球人都知道啦！大爷赠你一本《太公兵法》，你勤学苦读，后来辅佐刘邦，成为西汉开国功臣。

孔子：究其源头，还是张子房能克制本性，以君子言行感动老人，才得到赠书机缘。

张良：呵呵，张将军，你也是文质彬彬的君子吗？

张飞：俺张飞能文能武，上阵冲锋第一名，书法也闻名，还曾用计震慑住对俺大哥不敬的马超，妥妥的君子一枚哦！

可者与之,其不可者拒之

原文

子夏之门人问交①于子张。子张曰:"子夏云何?"

对曰:"子夏曰:'可者②与③之,其不可者拒④之。'"

子张曰:"异⑤乎吾所闻:君子尊贤而容⑥众,嘉⑦善而矜⑧不能。我之大贤与,于人何所不容?我之不贤与,人将拒我,如之何其拒人也?"

——《论语·子张》

注释

① 交:与人交往的道理。
② 可者:品德好的人。
③ 与:结交。
④ 拒:拒绝,疏离。
⑤ 异:与……不同。
⑥ 容:容纳,接纳。
⑦ 嘉:赞美。
⑧ 矜:怜悯。

 **大人物**

> 我是孔子学生，孔门十哲之一

姓卜名商字子夏，春秋末期晋国人。
师从孔子游列国，才思敏捷我师赞。
四处传学受尊敬，吴起商鞅均我徒。
唐时封我为魏侯，宋时又封河东公。

> 我也是孔子学生，子张之儒创始人

复姓颛孙单名师，春秋末年陈国人。
出身微贱曾犯罪，师从孔子成显士。
好学深思重忠信，尊贤容众朋友多。
不拘小节不计怨，世人称我"善交者"。
开创学派子张儒，位列儒家八派首。

 **大典故**

这段古文衍生出一个词语：

 容众

容，容纳；众，普通人。比喻胸怀宽广，能与各种人交往。

读典小启示

子夏说:"品德上佳的人就和他交往,品德不佳的人就拒绝疏离他。"

子张说:"我所听到的道理与此不同:'君子尊重贤德高士,也能容纳普罗大众;赞美善良好人,也怜悯无能庸者。'我自己如果足够贤明,对于别人有什么容不下的?我自己如果不够贤明,别人就会拒绝和我交往,我又怎么可能去拒绝疏离别人呢?"

这段话写出了子夏与子张两种不同的交友观点。子夏主张亲贤远庸,子张认同尊贤容众,通过子张与子夏弟子的对话不难看出,尊贤容众的做法在人际交往中更具有积极意义。

学典小拓展:孔子网络直播课

孔子:历史是人的历史,社会是人类社会,人际交往是门学问呐!
子夏:不要理品德不好的人!
子张:人非完人,要容众!
孔子:嘘!暂缓争辩,且听群众意见。

嘟嘟嘟——
孟尝君提出连线申请。

孟尝君已接通。

孟尝君：夫子好！人际交往嘛，我就认俩字儿：容众！我家门客多，高贤雅士小偷强盗应有尽有……

子夏：小偷这等品德不佳之人，还不拒之门外？

孟尝君：卜子先生别急，先听我说。秦昭襄王非让我去秦国当丞相。我和老东家齐湣王一合计，得，秦国咱得罪不起，去！到了秦国，大臣樗（chū）里疾生怕我影响他的官运，向秦王进献谗言，要宰了我！我赶紧去求秦王最喜爱的燕姬，让她帮忙求个情。这燕姬帮忙可不是白帮滴，人家指明要王宫库房里那件白狐裘皮大衣！

子张：这王宫盗宝可不是闹着玩儿的。

孟尝君：可不是，把我愁的啊！说来也巧，我门客里有个当过小偷的，故技重施，去王宫把这衣服偷出来啦！燕姬超给力，枕边风一吹，秦王随即放了我。可秦王经常反悔，我必须赶紧跑。好不容易跑到边关函谷关，又赶上半夜，不开门！幸亏我另一位小偷出身的门客学起鸡叫，引得函谷关内鸡鸣连连，守关军士以为天快亮了，打开关门，我才得以逃生。

孔子：所以说嘛，人际交往不能太绝对，容众很重要。好比子张，我要是因他以前犯过罪把他拒之门外，又何来闻名后世的子张之儒呢？

子夏：……

益者三友，损者三友

> 原文
>
> 孔子曰："益者三友，损者三友。友直、友谅①、友多闻，益矣；友便辟②、友善柔、友便佞③，损矣。"
>
> ——《论语·季氏》

•注释•

① 谅：诚实。
② 便（biàn）辟（pì）：便，熟悉，擅长；辟，通"僻"，邪僻。擅长邪僻之道。
③ 便（pián）佞：便：善辩；佞：花言巧语。

大人物

我是《论语·季氏》开头的那个季氏

姬姓季氏单名肥，春秋鲁国之正卿。
身为宗主尊称"孙"，时人又称季孙肥。
鲁国三桓势力大，孟孙叔孙与季孙。
三桓曾赶孔子走，我迎孔子复归鲁。
应时用赋有才智，去世谥号单字"康"。

我是孔子学生，也是孔子的女婿

复姓公冶单名长，世传我会听鸟语。
乌鸦约我南山獐，我吃肉来它吃肠。
我把肉吃忘留肠，乌鸦诬我打杀人，
无辜遭受牢狱灾。老师信我夸赞我，
将女嫁与我为妻。

大典故

"益者三友"与"三人行,必有我师焉"两段古文共同衍生出一个成语:

良师益友

良:使人得到教益;益:正面影响。指使人得到教益和帮助的好老师与好朋友,也指对自己有重要影响、亦师亦友的好朋友。

读典小启示

孔子说:"有益的朋友有三种,有害的朋友有三种:跟正直的人交朋友,跟诚实的人交朋友,跟博学的人交朋友,就有益处;跟擅长邪僻的人交朋友,跟擅于讨好的人交朋友,跟花言巧语的人交朋友,就有害处。"

孔子认为,与人打交道,既要保持自己恭谨谦逊的品行,还要擦亮眼睛,选择值得交往的人做朋友。我们今天交友、择友也应当如此。

学典小拓展：孙膑朋友圈小互动

孙膑
山重水复疑无路，柳暗花明又一村！齐国贵族田忌不嫌我残疾之身，收为门客，感动！

2 分钟前

♥ 田忌、孙膑、孔子

田忌：先生才干卓著，助我赛马赢齐威王，又妙用围魏救赵战术两胜魏国，奠定齐国霸主地位，合该受到重用。您不是我门客，是我知交！
回复：人生得一知己足矣！
孔子：相互助力，相互成就，这才是人生真正的益友啊！
回复：
庞涓：最狠就是你！我都没忍心杀你，你竟然一次俘虏我，一次设伏逼我自尽！良心呢？同窗共读的谊谊呢？被狗吃了？
回复：良心？呵呵，你挖我膝盖骨的时候，一起挖走了！

孙膑
老庞，你好狠……

一年前

♥ 庞涓

庞涓：生我庞涓，何必生你孙膑！现在挖了你膝盖，在你脸上刺上字，看你这辈子还能出头吧！和我比？门也没有！
回复：枉我拿你当真朋友、好兄弟！
孔子：您这位朋友，擅长走邪门歪道又花言巧语能骗人，咋不早早地远离他啊？
回复：只怪当时太年轻，是人是狗分不清！
齐国使者：孙先生一看就不是一般人，走，带你去齐国！

孙膑
老庞在魏国当了大官儿，喊我同去享富贵。真哥们儿，够意思！

两年前

♥ 庞涓、孙膑、孔子

庞涓：老同学快来，好酒好菜已上桌，赶明儿就去见魏王。
回复：么么哒。

第四篇

勤俭

> **原文**
>
> 夫君子①之行，静以修身，俭以养德。非澹泊②无以明志，非宁静无以致远。夫学须静也，才须学也，非学无以广才，非志无以成学。淫慢③则不能励精，险躁④则不能治性⑤。年与时驰，意与日去，遂成枯落⑥，多不接世，悲守穷庐，将复何及！
>
> ——《诫子书》

• **典籍** •

《诫子书》——三国时期蜀汉丞相诸葛亮临终时写给儿子诸葛瞻的家书。文章阐述修身养性、治学做人的深刻道理，也可以看作是诸葛亮对自己一生的总结，后来成为修身立志的名篇。

• **注释** •

① 君子：品德高尚的人。
② 澹（dàn）泊：也写作"淡泊"，内心恬淡，清心寡欲。
③ 淫慢：纵欲放荡、消极怠慢。
④ 险躁：冒进急躁。
⑤ 治性：修养性情。
⑥ 枯落：枯枝和落叶，比喻像枯叶一样凋零，形容韶华飞逝。

大人物

复姓诸葛单名瞻，三国时期蜀汉臣。
父亲丞相诸葛亮，岳父后主刘阿斗。
卅四官拜卫将军，位高权重忧国事。
率军出战魏国兵，绵竹一战身殉国，
与子同列双忠祠。

这段古文衍生了两个成语：

淡泊明志　宁静致远

淡泊明志： 只有看淡名利，清心寡欲，才能使志趣高洁。
宁静致远： 只有心境平和，专心致志，才能有所作为。

君子的行为操守，以宁静修炼自身涵养，用节俭培养自身品德。不清心寡欲无法明确崇高志向，不排除干扰无法实现远大目标。学习必须静心专一，才干来源于学习，不学习就不会增长才学，没志向就不会学有所成。纵欲放荡、懈怠懒惰就不能励精图治，冒进急躁就不能修养性情。年华随时光飞驰，意志随岁月消磨。最终像枯枝落叶般凋零，对社会没有贡献，只能悲伤地守在破屋内，那时悔恨又怎么来得及呢？做父母的，没有不希望自己的子女能够平安幸福的。诸葛亮这封家书体现出他对儿子的舐犊之情，告诫儿子要修养心性，砥砺德行，希望自己的儿子志趣高洁，有所作为。这些也是我们今天的年轻人修养自己的方向。

三公是古代朝廷中最尊贵的三个官职，一般指太师、太保、太傅。皇帝通常给最宠信的高级官员加以三公职衔，名号显赫却无实际职权。

学典小拓展：诸葛瞻拜会陶渊明

陶渊明：采菊东篱下，悠然见南山，今日有客到，奉上茶一盏。

诸葛瞻：陶先生，您这盏菊花茶清香明澈，就像您这个人一样，简朴又高洁。可叹我身为驸马，一生案牍劳形、戎马倥偬，没福气过您这样的隐居生活，更别提保持淡泊和宁静了。

陶渊明：诸葛将军，淡泊与宁静可不限于隐居啊！您瞧，令尊诸葛孔明身在乱世，历经磨折，却始终心境恬淡，专注兴复汉室这一目标，堪称宁静致远的典范！再看与我同时代的大清官吴隐之。广州附近有一贪泉，官员路过都绕着走，生怕喝了它会起贪念。可吴隐之就任广州刺史时，偏偏专门去饮贪泉水，用实际行动证明了贪墨与否全在个人心念，与水一点儿关系都没有。

诸葛瞻：我明白啦！不管外界环境和个人际遇怎么变化，只要保持内心专注宁静，就能真正做到淡泊明志与宁静致远！

居安思危，戒奢以俭

原文

臣闻求木之长①者，必固②其根本③；欲流之远者，必浚④其泉源；思国之安者，必积其德义。源不深而望流之远，根不固而求木之长，德不厚而思国之安，臣虽下愚⑤，知其不可，而况于明哲乎！人君当神器⑥之重，居域中⑦之大，不念居安思危，戒奢以俭，斯亦⑧伐根以求木茂，塞源而欲流长也。

——唐·魏征《谏太宗十思疏》

• **典籍** •

《谏太宗十思疏》——本篇选自唐朝名臣魏征写给唐太宗李世民的奏章，题目是编者加的。劝谏皇帝居安思危、善始虑终。行文简洁，说理严谨，理足气盛。

• **注释** •

① 长（zhǎng）：生长。

② 固：使……牢固。

③ 根本：根基和本源。本，树根。

④ 浚（jùn）：疏通，深挖。

⑤ 下愚：地位低下见识浅薄的人。这里是魏征的谦辞。

⑥ 神器：指皇位。古代认为皇帝的权力是上天赐予的，因此称皇位为"神器"。

⑦ 域中：天地之间。

⑧ 斯亦：这也是。

大人物

我是敢提意见的诤臣

姓魏名征字玄成,隋唐时期巨鹿人。
隋朝末年天下乱,跟随李密归李唐。
曾为建成门下客,玄武变后被赦免。
太宗即位受重用,一生谏言数十万。
贞观盛世有功劳,位列凌烟阁功臣。

大典故

这段古文衍生出一个成语:

戒奢以俭

奢,奢侈;俭,节俭。指用节俭的办法去戒除奢侈。

读典小启示

　　要想树木生长，必须稳固它的根干；要想水流长远，必须要疏浚它的源头；谋求国家安定，必须要累积道德仁义。

　　倘若不思考安逸环境中会出现危难，不用节俭的办法去戒除奢侈，这也是砍伐根干却追求树木茂盛，堵塞水源却想要水流深远的错误想法啊。这是万万要不得的，必须从根本和源头上解决问题。

学典小拓展：唐太宗和魏征微信聊天记录

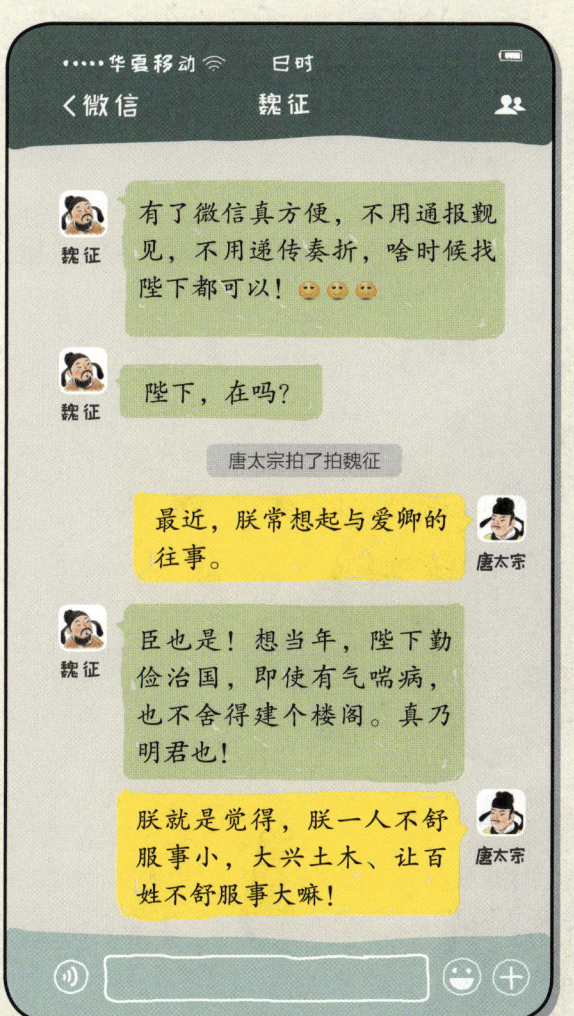

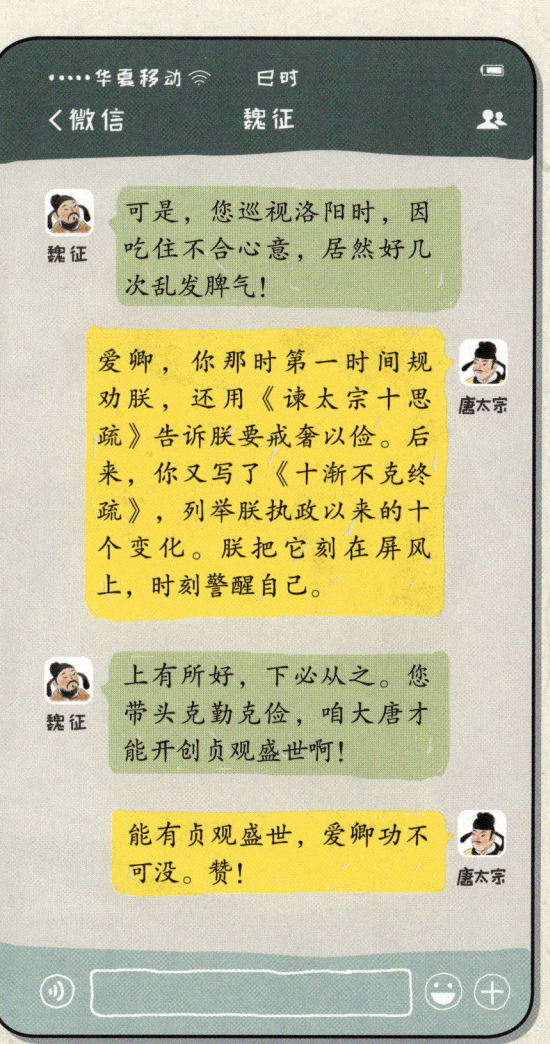

由俭入奢易，由奢入俭难

原文

公①叹曰："吾今日之俸②，虽举家锦衣玉食，何患不能？顾人之常情，由俭入奢易，由奢入俭难。吾今日之俸岂能常有？身岂能常存？一旦异于今日，家人习奢已久，不能顿俭，必致失所③。岂若吾居位、去位、身存、身亡，常如一日乎？"呜呼！大贤之深谋远虑，岂庸人所及哉！

——宋·司马光《训俭示康》

· 典籍 ·

《训俭示康》——北宋史学家司马光所写的散文作品。是司马光写给其子司马康，教导他应该崇尚节俭的一篇家训。

· 注释 ·

① 公：指宰相张文节。
② 俸：俸禄，古代官员的工资。
③ 失所：饥寒无依靠。

大人物

我是司马光的儿子

复姓司马单名康，公休为字陕州人。
本为司马旦之子，过继叔父为亲子。
明经上第览群书，曾为《通鉴》校文字。
为人廉洁不言财，父死居庐蔬为食。
仕途平顺命不长，刚过四十即病逝。

大典故

这段古文衍生出一句脍炙人口的名言：

由俭入奢易，由奢入俭难

由节俭进入奢侈容易，由奢侈进入节俭困难。

读典小启示

人们通常的习惯，由节俭进入奢侈容易，由奢侈进入节俭困难。我现在的俸禄怎能长期享有？我的健康和地位怎能长期保持？如果有一天家中境况与现在不同，家里人习惯奢侈生活时间长了，不能立即节俭起来，必定导致贫寒无依。贤德的人应当深谋远虑，哪里是平庸的人所能比得上啊！奢侈一旦成为习惯，要想纠正很难，我们应当崇尚节俭的美德，践行节俭的行为。

科举之明经科

科举制度是古代封建王朝通过考试选拔官吏的制度，因采用分科取士的方法，所以被称为"科举"。司马康参加的明经科，就是科举考察的科目之一。

明经科起源于汉武帝时期。宋朝明经科主要考察大经（《礼记》《春秋左传》）中经（《诗经》《周礼》《仪礼》）小经（《易经》《尚书》《春秋公羊传》《春秋穀梁传》）等经义，以及对经义内容应用的熟练程度。明经科出身与考诗赋、策论的进士科出身相同。宋神宗熙宁四年（1071年），明经科被朝廷废止，此后直至清末，科举中不再设明经科。

学典小拓展：司马光会王安石

司马康： 时光倏忽已近千年，当年人事俱消散。我爹司马光曾与宰相王安石为变法的事儿互不理睬。如今岁月静好，二位老人家终于可以坐下聊聊天啦！挖几棵野菜，给他们下酒！

王安石： 君实（司马光字君实）兄，千年不见，您还是清俭如故，招待老友不过一盘野菜、几杯淡酒。

司马光： 在介甫（王安石字介甫）面前摆大鱼大肉，不是自取其辱吗？想当年您做宰相时，您儿媳家亲戚，姓萧的那个小伙子到您家做客，您也只是上了两块胡饼、四块肉。

王安石： 这在我家已是大餐了！小萧这孩子，胡饼只吃中间软和的那部分，饼边统统扔掉，忒浪费！于是乎，我老人家就把他剩的饼边吃了。

司马光： 您位高权重却如此节俭，佩服！

王安石： 说到节俭，君实兄才是当世无双。您编修《资治通鉴》时，住处简陋至极，只好挖出一间地下室读书，被洛阳人戏称为"司马入地"。尊夫人去世，您典当了三项地才凑足钱办妥丧事。当了一辈子官，清廉俭朴到这个程度，太不容易了！

一粥一饭，当思来之不易；
半丝半缕，恒念物力维艰

> **原文**
>
> 一粥一饭，当思来处不易；半丝半缕①，恒②念物力③维艰④。宜未雨而绸缪⑤，毋临渴而掘井。自奉必须简约，宴客切勿流连⑥。器具质而洁，瓦缶⑦胜金玉；饮食约而精，园蔬逾⑧珍馐⑨。
>
> ——清·朱用纯《朱子家训》

• **典籍** •

《**朱子家训**》——又名《治家格言》，是一篇家教名著，阐明了修身治家之道。其中，许多内容继承了中国传统文化的优秀特点，比如尊敬师长，勤俭持家，邻里和睦等，为历代儒家学者尊崇，在今天仍然有现实意义。

• **注释** •

① 缕：麻线或丝线。

② 恒：经常。

③ 物力：物资财力。

④ 维艰：非常困难。

⑤ 绸缪：缠绕，文中指修葺、修补。

⑥ 流连：留恋，舍不得。

⑦ 瓦缶：瓦器。

⑧ 逾：超过，胜过。

⑨ 珍馐：珍稀的食物。

大人物

双字致一号柏庐,明末清初江苏人。隐居乡里研学问,深入浅出授理学。朝廷延请拒出仕,知行并进严律己,被列"吴中三高士"。

我是写家训的朱子

朱用纯

大典故

这段古文衍生出一个成语、借用了两个成语:

未雨绸缪　临渴掘井

未雨绸缪:趁着天没下雨,先修缮房屋门窗。指提前做好准备,预防意外事件发生。
临渴掘井:到口渴的时候才去挖井。比喻平时不准备,事到临头才去想办法。

读典小启示

一碗粥,一碗饭,应当思索它们来得不容易;半条丝,半条缕,常常感念得到它们不容易。

应该趁着天没下雨时就把门、窗破损的地方修补好,不要等到口渴了才想起来去挖水井。对自己日常饮食用度必须勤俭节约,宴请宾客不要留恋不舍。器具质朴洁净就好,瓦缶器皿胜过金银玉器;饮食简约精细就好,田园蔬菜胜过珍馐佳肴。老百姓过日子要以节俭为先,不要和人家攀比,更不要养成奢侈浪费的坏习惯。

101

勤俭始终是古人家训中谆谆叮嘱的重中之重,来看看还有哪些人的家训中提到了勤俭吧!

勤俭为本,自必丰亨。——后唐·吴越王钱镠《钱氏家训》

家俭则兴,人勤则健;能勤能俭,永不贫贱。——清·曾国藩《曾国藩家训》

俭则约,约则百善俱兴;奢则肆,肆则百恶俱纵。——清·左宗棠《左宗棠家书》

俭者,省约为礼之谓也。——南北朝·颜之推《颜氏家训》

勤俭群 （在线人数 4/20）

朱用纯：看当今华夏，人们的生活简直赛过神仙！出门有车居有屋，冬暖夏凉真舒服，鸡鸭鱼肉白米面，四季供应不短缺。

苏轼：前几天我回了趟杭州，苏公堤、三潭印月一如当年，可我去酒馆时……唉！

朱用纯：苏公何故长叹？难道西湖醋鱼不好吃了？

苏轼：不不，醋鱼风味更胜当年，让我感慨的，乃是邻桌二位食客。邻桌摆有四菜一汤，盘中尚余鸡、肉、鱼、菜，碗中堆有白米饭，食客却就此离席而去。我这心口啊，堵得不要不要的！

朱元璋：竟如此浪费？朕出身寒苦，深知百姓耕田织布不易。后来朕当了皇帝，宴请文武百官通常只用四菜一汤。

季文子：太不应该了！我身为鲁国上卿，位高权重，衣物仅够穿，食物只饱腹。毕竟，国家强盛主要看国民品行与道德，而不看谁家奢侈享乐能挥霍。

学典小拓展

俭而不吝

> **原文**　俭者，省约为礼之谓也；吝者，穷急不恤之谓也。今有施①则奢，俭则吝；如能施而不奢，俭而不吝，可矣。
>
> ——《颜氏家训·治家》

· **典籍** ·

《**颜氏家训**》——南北朝文学家颜之推撰写的记载个人思想、人生感悟、告诫子孙的著作,是中国历史上第一部内容丰富、体系宏大的家训。强调父慈子孝、兄友弟恭等伦理道德规范。为研究魏晋南北朝时期社会思潮的重要著作之一。

· **注释** ·

① 施:给予恩惠,施舍。

我是写《颜氏家训》的人

颜之推

姓颜字介名之推,南北朝时琅邪人。
生在江陵少有才,博览群书文辞茂。
历经四朝皆出仕,萧梁北齐北周隋。
著述丰厚倡实学,后世推我《家训》祖。

这段古文蕴含着中华传统美德:

施而不奢,俭而不吝

施,施舍,乐善好施;奢,奢侈,浪费;俭,节俭;吝,吝啬,小气。肯施舍而不奢侈,能节俭而不浪费。

105

读典小启示

节俭，指的是合乎礼法常情的节省；吝啬，指的是面对窘迫危急也不给予救济。如今能施舍救济的却又奢侈浪费，能勤俭节约的却又小气吝啬；如果有施舍能力的不奢侈，有节俭习惯的不吝啬，那就可以了。

不能因为勤俭节约而变得小气吝啬，节俭又乐善好施，才是完善圆满的俭朴美德。

学典小拓展：俭而不吝辩论赛

俭而不吝辩论赛

颜之推

评委：
颜之推

正方选手：
范仲淹

反方选手：
王戎

正方观点：要节俭，更要大方。

范仲淹

范仲淹：我官职不低住破屋，俸禄不少吃素食，散尽家财周济穷人。瞧，我兴办的苏州府学闻名天下，带动苏州地区文教大兴，值！退休后，几个学生要给我买园林大宅，被我拒绝了。人嘛，就要节俭自持，钱要用到刀刃上！这不，我在家乡买了一千多亩好地捐给范氏家族，成立"范氏义庄"，用来救济贫苦族人。

颜之推：范氏义庄代代相传，助人无数，赞！范文正公身体力行，先天下之忧而忧，堪称俭而不吝的典范。十分！

反方观点：要节俭，不能大方。

王戎：我是节俭持家小能手，最喜欢的事儿就是每天晚上，和我媳妇在蜡烛下摆弄计算用的筹码，算算我又挣了多少钱。有一年，我侄儿结婚，我送给他一件单衣。哎呦，把我心疼得哟，最后还是把这件衣服要了回来。别说侄子了，我亲闺女借我的钱，也必须一文不少如数归还！节俭又大方？怎么可能！我要大方了，哪里来的万贯家财？怎能享受数钱之乐？对了，颜大人，参加辩论赛不要钱吧？

王戎

颜之推：😢不要钱，王大人放心……俭而吝，看在您识见过人又孝顺的份上，六分！

颜之推：我宣布，正方胜！

107

君子以俭德辟难，不可荣以禄

原文

象①曰：天地不交②，否③，君子以俭④德辟⑤难，不可荣⑥以禄⑦。

——《周易·否卦》

◆ 典籍 ◆

《周易》——儒家重要经典之一。内容包括《经》《传》两部分,《经》主要作为占卦之用,《传》是对《经》的解说。古人通过《周易》中记录的八卦,推测自然和社会变化。

◆ 注释 ◆

① 象:《象传》,古代用来解释卦象、卦义的书。

② 天地不交:古人认为,天在上,地在下,这句话指天与地之间闭塞不通。

③ 否(pǐ):否卦。与泰卦相对,指事物不可能永远和泰畅达。

④ 俭:约束,收敛。

⑤ 辟:通"避",避免,防止。

⑥ 荣:诱惑。

⑦ 禄:古代官吏的俸给,此处指官职。

我《易经》学得好,当了官

周霸

姓周名霸西汉人,西汉时期儒学家。
拜师名士申培公,武帝时期以《易》仕。

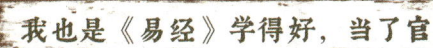

我也是《易经》学得好,当了官

主父偃

复姓主父单名偃,西汉时期临淄人。出身贫寒精学《易》,也学《春秋》与百家。直接上书汉武帝,武帝召见得重用。擅揭隐私遭人忌,逼死齐王遭族灭。

读典小启示

《象传》说：天地阴阳不相交合，象征着闭塞黑暗。此时君子应韬光养晦，收敛约束自己以避免灾难降临，不可以被荣华富贵诱惑。

古代先哲认为，事物发展到一定程度，必然遵循否极泰来的规律，向相反方向发展。

学典小拓展：草根逆袭访谈录。

周文王： 玄德公早年以织草席卖草鞋为生，后来却逐鹿天下终成蜀汉霸业，堪称草根逆袭的典范。请您谈谈奋斗翻身、逆天改命的宝贵经验。

刘备： 唔，勇猛善战不惧死，礼贤下士布仁德，这些老生常谈今天就不提了，我来跟大家分享一段俭德辟难的经历。

周文王： 俭德辟难，这是我《易经》中的观点嘛！

刘备： 您这观点太实用啦！当年曹操白门楼勒死吕布后，我和二弟关羽、三弟张飞随曹操来到许昌。我心里门儿清，曹操带我回许昌，是想在家门口看住我，怕我跟他争夺天下。于是，我天天在菜园子忙活，两耳不闻身外事，一心只种小蔬菜。

周文王： 当时正逢乱世，诸侯割据四方，曹公挟天子居住在许昌，势力庞大。玄德公日日勤俭劳作，是韬光养晦避免祸端啊！

刘备： 正是！可曹操还不放心，有一天，他邀请我去喝酒，竟然说天下英雄只有我和他而已！乖乖，把我吓得哟！幸好天降惊雷，我赶紧假装被雷吓得筷子都掉了，这才让他真正消除疑心，认为我是个怕打雷的胆小鬼，放松了对我的戒备。

周文王： 后来，玄德公借拦截袁术的机会离开许昌，此后实力日大，终于成为蜀汉的开国之主。

刘备： 回想起来也挺后怕，我那会儿要因天子尊称我为"皇叔"骄傲自大，享受富贵锋芒毕露，恐怕早被曹操宰了！